ALPHABET

ILLUSTRÉ

DES OBJETS FAMILIERS.

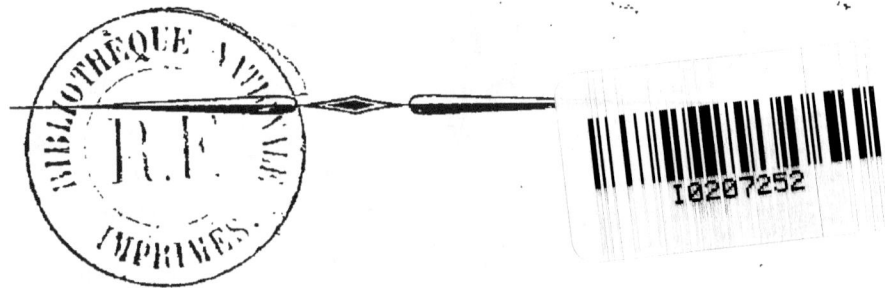

URNE.   TAMBOUR.

ÉPINAL,
CH. PINOT IMP. ÉDITEUR.

Le COQ Kokoriko!!!

ALBUM D'IMAGES

ALPHABET

ILLUSTRÉ
DES OBJETS FAMILIERS

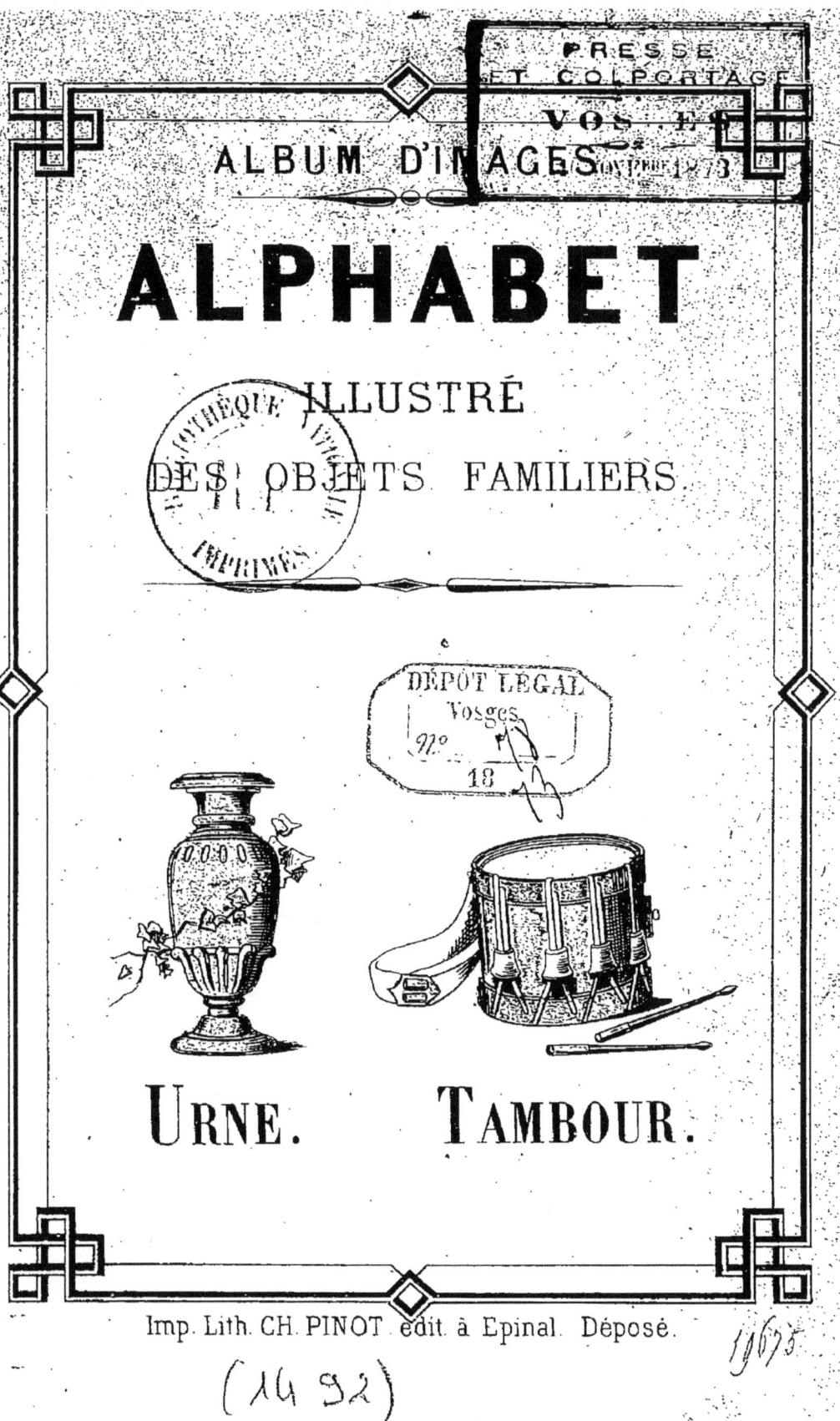

URNE.   TAMBOUR.

Imp. Lith. CH. PINOT édit. à Epinal. Déposé.

Je soussigné déclare avoir l'intention d'imprimer pour mon compte un ouvrage ayant pour titre Alphabet illustré des objets familiers que je me propose de tirer à 1000 exemplaires format in-18°, 1 feuille d'impression.

Épinal, le 18 octobre 1873

Ch. Pinot

A B C D E
F G H I J
K L M N O
P Q R S T
U V X Y Z

ARROSOIR.

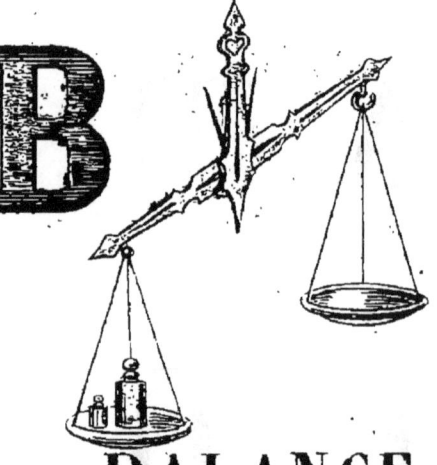
BALANCE.

BOUTEILLES.

CHAPEAU.

BOTTINE.

CARAFE.

AR RO SOIR pour mettre L'EAU pour arroser le **JAR DIN**.

BA LAN CE pour peser le **SU CRE**, le **CA FÉ**, le **PAIN**.

BOU TEIL LES pour mettre le **VIN**, la **BIÈ RE**, le **CI DRE**.

CHA PEAU pour mettre sur la **TÊ TE** des **MES SIEURS**.

BOT TI NES pour mettre aux pieds.

CA RA FE pour mettre de L'EAU pour boire.

D  D

DOMINOS.   DADA.

E  E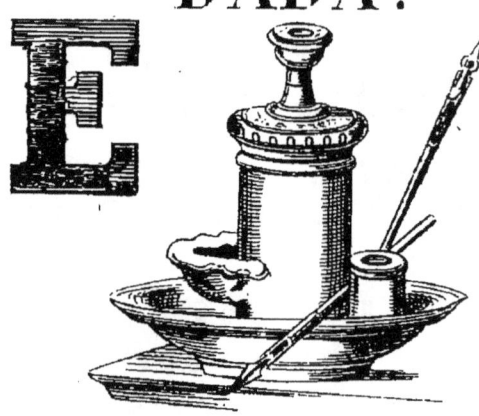

ÉCUELLE.   ENCRIER.

F 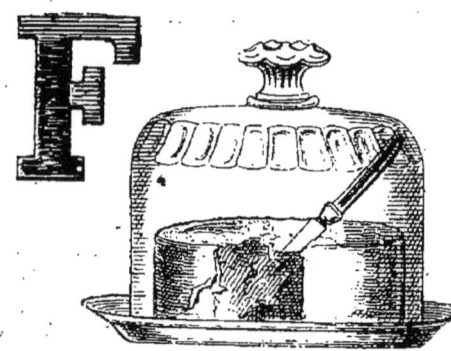 F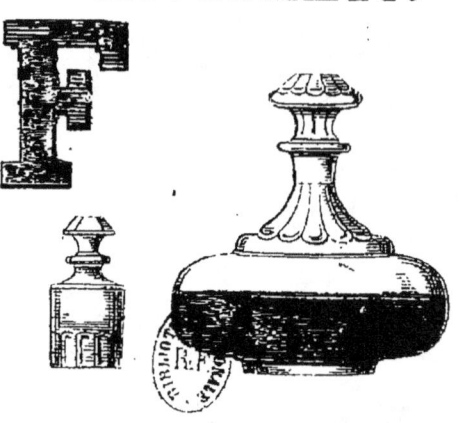

FROMAGE.   FLACON.

DO MI NOS pour jou er.
DA DA le **CHE VAL**.
É CUEL LE pour met tre de **L'EAU**, du **LAIT**.
EN CRI ER et **PLU MES** pour é cri re.
FRO MA GE pour faire des tar ti nes.
FLA CON pour met tre la li queur.
AB, IB, OB, UB, AC, AL, AB, BA, BI, BO, BU, CA, LA, RA.

GÂTEAUX.

HANNETON.

HACHE.

IMAGES.

JOUJOUX.

JAMBON.

GÂ TEAU pour man ger.

HAN NE TON vo le, vo le.

HA CHE pour fen dre le BOIS.

I MA GES Po li chi nel le, Pier rot.

JOU JOUX POU PÉE

BAL LON TROM PET TE

LE PE TIT MOU TON

JAM BON & COU TEAU

pour cou per le jam bon.

K  K

KÉPI.   KILO.

L 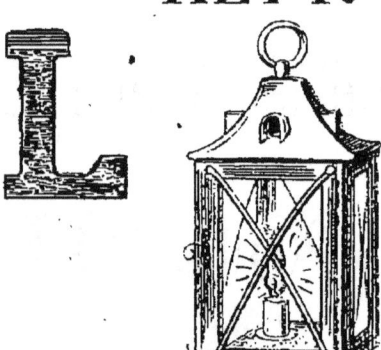 L

LANTERNE.   LAMPE.

L  M

LIVRE.   MIROIR.

KÉPI. Coiffure militaire.

KILO. Gros poids en fer pour peser les marchandises.

LANTERNE. Pour éclairer la nuit.

LAMPE. Pour éclairer sur la table le **SOIR**.

LIVRE. Où il y a écrit de belles histoires.

MIROIR. Pour faire sa toilette.

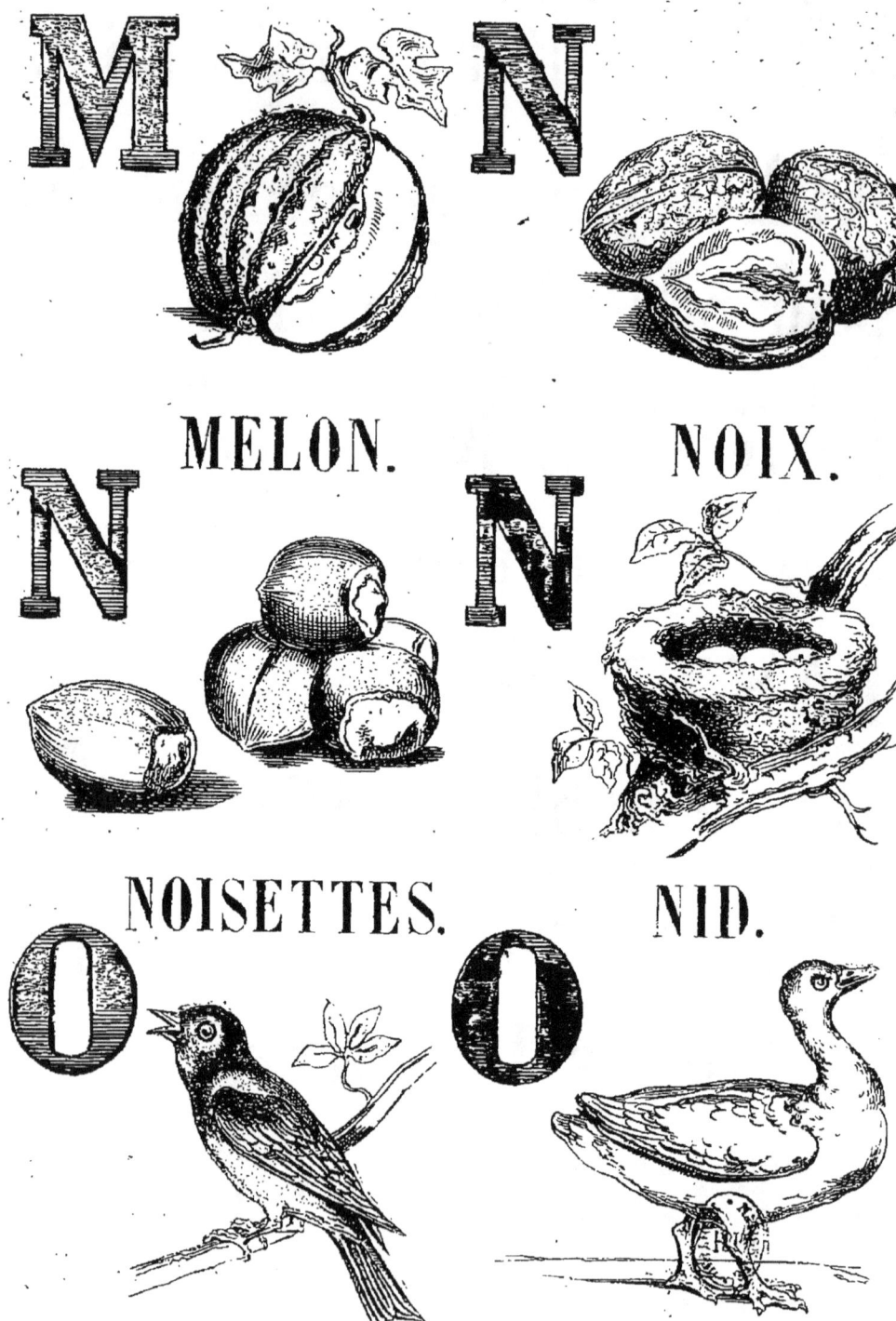

ME LON. Très bon **FRUIT** quand il est bien mûr.

NOIX. Cas sez les noix pour les man ger.

NOI SET TES. Al lons au bois cueil lir des noi set tes.

LE JO LI NID d'oi seaux il y a des œufs de dans!

LE GEN TIL OI SEAU com me il chan te bien!

L'OIE se pro mè ne sur le bord du ruis seau el le chan- te: **Gô** got te, **Go** got te!!!

OMBRELLE.

PANIER.

PELLE, PIOCHE.

PENDULE.

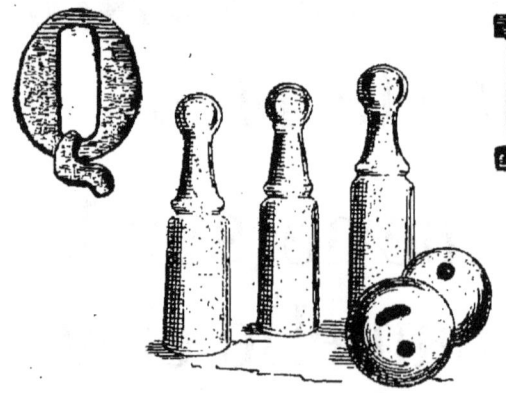
QUILLES.

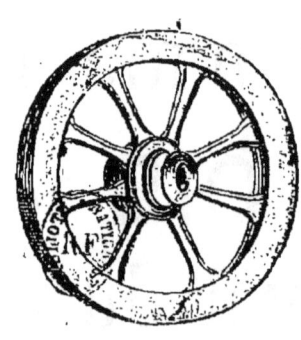
ROUE.

OM BREL LE. Pour se mettre à l'ombre du soleil.

PA NIER. Pour mettre des pommes, des carottes.

PEL LE, PIO CHE. Pour travailler à la terre.

PEN DU LE. Pour voir quelle heure il est.

QUIL LES. Pour jouer avec des boules.

ROUE. Pour faire rouler les voitures.

 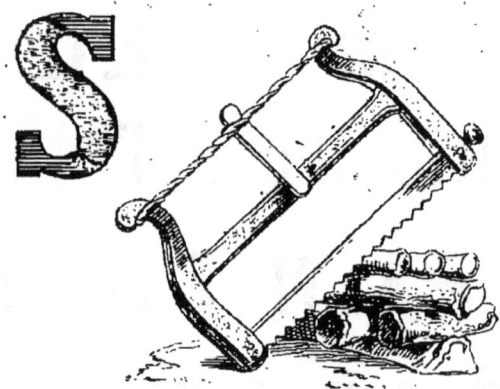

SONNETTE. SCIE.

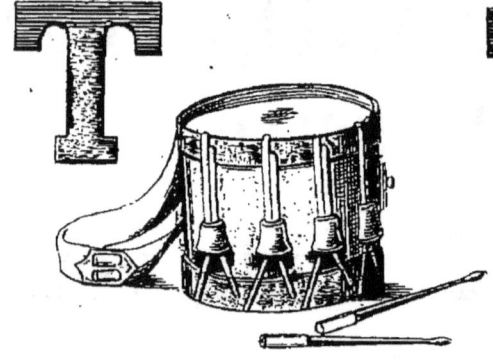 

TAMBOUR. TABLE.

TONNEAU. URNE.

SON NET TE. Pour faire dre lin, dre lin, dre lin.

SCIE. Pour scier le bois pour faire le feu.

TAM BOUR. Pour faire ran pa ta plan, plan plan.

TA BLE. Pour mettre les verres, les bouteilles, le pain.

TON NEAU. Pour mettre le vin, le cidre, la bière.

UR NE. Vase antique.

U TI LE U NI QUE UN

VERRES. Pour boire de l'eau, du vin, du sirop.

VASE. Pour mettre des fleurs qui sentent bon.

XILOCOPE. Insecte.

YATAGAN. Sabre des Arabes.

ZOZO Le chien savant il étudie sa leçon.

LE ZÉRO Avec les chiffres pour calculer.

1 2 3 4 5 6 7 8 9 0

VERRES (Vin.)   VASE. (Fleurs)

XILOCOPE.   YATAGAN.

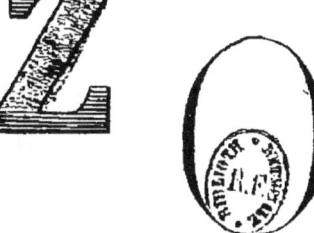

0 1 2 3 4 5 6 7 8 9

ZOZO.   ZÉRO.

ANE	ANGE	NAVIRE
TÊTE	LAME	MALADE
FÊTE	GARE	REMÈDE
LUNE	ROLE	ORANGE
PIPE	DAME	BOBINE
ROBE	BÊTE	LÉGUME
JUPE	LIRE	SALADE
ROTI	JOLI	ABIME
ARME	PATÉ	ORAISON
PILE	AME	PANADE
MIDI	RAPÉ	LUNETTE
MÈRE	PÈRE	ÉPINE

CA NIF	TUR BOT	NOC TUR NE
É GAL	GA ZON	PUR GE
AC CÈS	HA CHE	TAR TI NE
BA RON	GA LON	A VE NIR
CAL CUL	PLU ME	RÉ VOL TE
DOR MIR	TOU TOU	AB SUR DE
GAR DE	SOU RIS	VIR GU LE
CAR TE	MOU LIN	CA PO RAL
A ZUR	RÉ GAL	OB TE NIR
BAR BU	EF FET	É TU DE
FOR ME	MAR DI	PA RA SOL
DIN DE	NOR MAL	JUS TI CE
LA PIN	GAR NIR	RÉ COL TE
RU BAN	VAL SE	RE LA CHE
HI VER	TA RIF	CO CAR DE

Va che	Gâ che	Dra gon
Bû che	OEuf	Bouil lon
Bi che	Bœuf	Ba tail lon
Bor gne	Ail	Cha ri té
Che val	Ar bre	Di gni té
Cha cun	Jus te	Chan son
Si gne	Liè vre	Bou chon
Vi gne	Vio lon	Ro gnon
Ro che	Zè bre	Chi gnon
Mou che	Pi tié	Rouil lé
Bi jou	Stè re	Mou choir
Hi bou	Biè re	Fleurs
Ti gre	Suif	Sta tue
E tui	Dieu	Pay san
Cui vre	Fi fre	Mys tè re

Q Quincajou.   R Renard.

S Sanglier.   T Tigre.

U Urson.   V Vansire.

X Xandarus. Y Yack. Z Zèbre.

Abat jour pour la lampe.
Balai pour balayer.
Ballon pour jouer.
Burette pour mettre l'huile.
Chapeau de papa.
Chaise pour s'asseoir
Baquet pour laver le linge.
Bouteilles pour mettre le vin.
Drapeau tricolore.
Cruche pour mettre l'eau.
Bol pour mettre le café.
Banc pour mettre les pieds.

ABAT JOUR.   BALAI.   BALLON

BURETTE.   CHAPEAU.   CHAISE

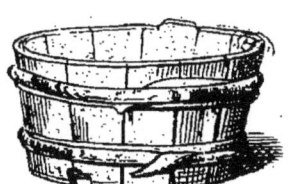  

BAQUET.   BOUTEILLES.   DRAPEAU.

  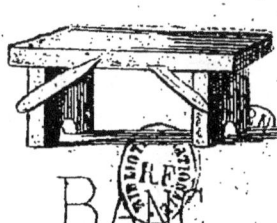

CRUCHE.   BOL.   BANC.

Pipe pour fumer.
Tabatière pour mettre le tabac.
Carafe pour l'eau.
Pelle pour le feu.
Pincettes pour prendre le feu.
Soufflet pour souffler.
Couteau pour couper le pain.
Ciseaux pour couper l'étoffe.
Fourchette pour manger.
Marteau pour frapper.
Carton pour les bonnets.
Bottines pour les pieds.

PIPE.   TABATIÈRE.   CARAFE.

 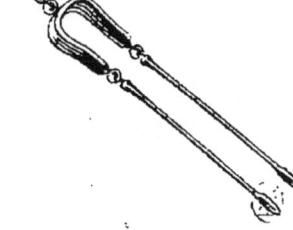

PELLE A FEU.   PINCETTES.   SOUFFLET.

COUTEAU.   CISEAUX.   FOURCHETTE.

MARTEAU.   CARTON.   BOTTINES.

Pot pour mettre l'eau.
Cuvette pour se laver.
Flacon pour les odeurs.
Poire pour manger.
Pomme pour manger.
Cerises pour manger.
Livre pour dire sa leçon.
Plume pour écrire.
Canif pour couper.
Table
Fenêtre pour voir clair.
Escalier pour monter.

POT A EAU. CUVETTE. FLACON.

POIRE. POMME. CERISES.

LIVRE. PLUME. CANIF.

TABLE. FENETRE. ESCALIER.

Se trouve chez le même éditeur:
ALBUMS D'IMAGES.

Nouveau Syllabaire récréatif.
La Poupée merveilleuse.
Le petit Poucet.
Le Chaperon rouge.
Le Chat botté.
La petite Cendrillon.
La Belle au bois dormant.
Peau d'âne.
L'Oiseau bleu.
Robinson Crusoë.
Le Loup, la Chèvre et ses Biquets.
L'Éducation de la Poupée.
La Saint Nicolas.
Alphabet amusant.
Alphabet des Objets familiers.

www.ingramcontent.com/pod-product-compliance
Lightning Source LLC
Chambersburg PA
CBHW060712050426
42451CB00010B/1407